Impressum
Verlag: BABADADA GmbH, Nedderfeld 112 , 22529 Hamburg
Geschäftsführer / Verlagsleitung: Harald Hof
Druck: Books on Demand GmbH, In de Tarpen 42, 22848 Norderstedt

Imprint
Publisher: BABADADA GmbH, Nedderfeld 112 , 22529 Hamburg, Germany
Managing Director / Publishing direction: Harald Hof
Print: Books on Demand GmbH, In de Tarpen 42, 22848 Norderstedt

salle de classe
das Klassenzimmer

diviser
dividieren

186/2

cour (de récréation)
der Schulhof

tableau noir
die Tafel

professeur
der Lehrer

papier
das Papier

écrire
schreiben

stylo
der Stift

bureau
der Schreibtisch

règle
das Lineal

livre
das Buch

élève
die Schüler

cartable
der Ranzen

trousse
die Federmappe

crayon
der Bleistift

taille-crayon
der Bleistiftanspitzer

gomme
das Radiergummi

carnet à dessin
der Zeichenblock

dessin

die Zeichnung

pinceau

der Pinsel

boîte de peinture

der Malkasten

ciseaux

die Schere

colle

der Klebstoff

cahier d'exercices

das Übungsheft

devoirs

die Hausaufgabe

chiffre

die Zahl

additionner

addieren

soustraire

subtrahieren

multiplier

multiplizieren

calculer

rechnen

lettre

der Buchstabe

alphabet

das Alphabet

mot

das Wort

texte

der Text

lire

lesen

craie

die Kreide

leçon

die Stunde

livre de classe

das Klassenbuch

examen

die Prüfung

certificat

das Zeugnis

uniforme scolaire

die Schuluniform

formation

die Ausbildung

lexique

das Lexikon

université

die Universität

microscope

das Mikroskop

carte

die Karte

corbeille à papier

der Papierkorb

hôtel
das Hotel

auberge
die Herberge

bureau de change
die Wechselstube

valise
der Koffer

voiture
das Auto

langue

die Sprache

oui / non

ja / nein

d'accord

Okay

Salut

Hallo

interprète

der Übersetzer

merci

Danke

Combien coûte...?

Was kostet...?

Je ne comprends pas

Ich verstehe nicht

problème

das Problem

Bonsoir !

Guten Abend!

Bonjour !

Guten Morgen!

Bonne nuit !

Gute Nacht!

Au revoir

Auf Wiedersehen

direction

die Richtung

bagages

das Gepäck

sac

die Tasche

sac-à-dos

der Rucksack

hôte

der Gast

pièce

das Zimmer

sac de couchage

der Schlafsack

tente

das Zelt

voyage - die Reise

office de tourisme

die Touristeninformation

plage

der Strand

carte de crédit

die Kreditkarte

petit-déjeuner

das Frühstück

déjeuner

das Mittagessen

dîner

das Abendessen

billet

die Fahrkarte

ascenseur

der Fahrstuhl

timbre

die Briefmarke

frontière

die Grenze

douane

der Zoll

ambassade

die Botschaft

visa

das Visum

passeport

der Pass

avion
das Flugzeug

navire
das Schiff

véhicule de pompiers
das Feuerwehrauto

bus
der Bus

camion
der Lastwagen

bateau à moteur
das Motorboot

bicyclette
das Fahrrad

voiture
das Auto

ferry

die Fähre

barque

das Boot

moto

das Motorrad

voiture de police

das Polizeiauto

voiture de course

das Rennauto

voiture de location

der Mietwagen

auto-partage

das Carsharing

voiture de remorquage

der Abschleppwagen

benne à ordures

das Müllauto

moteur

der Motor

essence

der Kraftstoff

station d'essence

die Tankstelle

panneau indicateur

das Verkehrsschild

trafic

der Verkehr

embouteillage

der Stau

parking

der Parkplatz

gare

der Bahnhof

rails

die Schienen

train

der Zug

tramway

die Straßenbahn

wagon

der Wagon

hélicoptère

der Helikopter

aéroport

der Flughafen

tour

der Tower

passager

der Passagier

conteneur

der Container

carton

der Karton

chariot

der Karren

corbeille

der Korb

décoller / atterrir

starten / landen

ville

die Stadt

village

das Dorf

centre-ville

das Stadtzentrum

maison

das Haus

cinéma
das Kino

publicité
die Werbung

réverbère
die Straßenlaterne

rue
die Straße

taxi
das Taxi

CINEMA

kiosque
der Kiosk

piéton
der Fußgänger

trottoir
der Bürgersteig

passage piéton
der Zebrastreifen

poubelle
die Mülltonne

carrefour
die Kreuzung

feux de circulation
die Ampel

cabane
....
die Hütte

appartement
....
die Wohnung

gare
....
der Bahnhof

mairie
....
das Rathaus

musée
....
das Museum

école
....
die Schule

université
die Universität

banque
die Bank

hôpital
das Krankenhaus

hôtel
das Hotel

pharmacie
die Apotheke

bureau
das Büro

librairie
die Buchhandlung

magasin
das Geschäft

fleuriste
der Blumenladen

supermarché
der Supermarkt

marché
der Markt

grand magasin
das Kaufhaus

poissonnerie
der Fischhändler

centre commercial
das Einkaufszentrum

port
der Hafen

parc
der Park

banque
die Bank

pont
die Brücke

escaliers
die Treppe

métro
die U-Bahn

tunnel
der Tunnel

arrêt de bus
die Bushaltestelle

bar
die Bar

restaurant
das Restaurant

boîte à lettres
der Briefkasten

panneau indicateur
das Straßenschild

parcmètre
die Parkuhr

zoo
der Zoo

piscine
die Badeanstalt

mosquée
die Moschee

ferme
der Bauernhof

pollution
die Umweltverschmutzung

cimetière
der Friedhof

église
die Kirche

aire de jeux
der Spielplatz

temple
der Tempel

paysage
die Landschaft

feuille
das Blatt

panneau indicateur
der Wegweiser

chemin
der Weg

pré
die Wiese

pierre
der Stein

arbre
der Baum

randonneur
der Wanderer

rivière
der Fluss

herbe
das Gras

fleur
die Blume

vallée

das Tal

montagne

der Berg

lac

der See

forêt

der Wald

désert

die Wüste

volcan

der Vulkan

château

das Schloss

arc-en-ciel

der Regenbogen

champignon

der Pilz

palmier

die Palme

moustique

der Moskito

mouche

die Fliege

fourmis

die Ameise

abeille

die Biene

araignée

die Spinne

coléoptère

der Käfer

grenouille

der Frosch

écureuil

das Eichhörnchen

hérisson

der Igel

lièvre

der Hase

chouette

die Eule

oiseau

die Vogel

cygne

der Schwan

sanglier

das Wildschwein

cerf

der Hirsch

élan

der Elch

barrage

der Staudamm

éolienne

das Windrad

panneau solaire

das Solarmodul

climat

das Klima

serveur
der Kellner

menu
die Speisekarte

chaise
der Stuhl

soupe
die Suppe

pizza
die Pizza

couverts
das Besteck

nappe
die Tischdecke

hors d'œuvre

die Vorspeise

plat principal

das Hauptgericht

dessert

die Nachspeise

boissons

die Getränke

alimentation

das Essen

bouteille

die Flasche

fast-food
....
das Fastfood

plats à emporter
....
das Streetfood

théière
....
die Teekanne

sucrier
....
die Zuckerdose

portion
....
die Portion

machine à expresso
....
die Espressomaschine

chaise haute
....
der Hochstuhl

facture
....
die Rechnung

plateau
....
das Tablett

couteau
....
das Messer

fourchette
....
die Gabel

cuillère
....
der Löffel

cuillère à thé
....
der Teelöffel

serviette
....
die Serviette

verre
....
das Glas

assiette
·················
der Teller

assiette à soupe
·················
der Suppenteller

soucoupe
·················
die Untertasse

sauce
·················
die Sauce

salière
·················
der Salzstreuer

moulin à poivre
·················
die Pfeffermühle

vinaigre
·················
der Essig

huile
·················
das Öl

épices
·················
die Gewürze

ketchup
·················
das Ketchup

moutarde
·················
der Senf

mayonnaise
·················
die Mayonnaise

offre promotionnelle
das Angebot

client
der Kunde

FOR

produits laitiers
die Milchprodukte

fruits
das Obst

chariot
der Einkaufswagen

boucherie
die Schlachterei

boulangerie
die Bäckerei

peser
wiegen

légumes
das Gemüse

viande
das Fleisch

aliments surgelés
die Tiefkühlkost

charcuterie

der Aufschnitt

conserves

die Konserven

poudre à lessive

das Waschmittel

bonbons

die Süßigkeiten

articles ménagers

die Haushaltsartikel

détergents

das Reinigungsmittel

vendeuse

die Verkäuferin

caisse

die Kasse

caissier

der Kassierer

liste d'achats

die Einkaufsliste

heures d'ouverture

die Öffnungszeiten

portefeuille

die Brieftasche

carte de crédit

die Kreditkarte

sac

die Tasche

sac en plastique

die Plastiktüte

eau

das Wasser

jus de fruit

der Saft

lait

die Milch

coca

die Cola

vin

der Wein

bière

das Bier

alcool

der Alkohol

chocolat chaud

der Kakao

thé

der Tee

café

der Kaffee

expresso

der Espresso

cappuccino

der Cappuccino

banane

die Banane

pomme

der Apfel

orange

die Orange

melon

die Melone

citron

die Zitrone

carotte

die Karotte

ail

der Knoblauch

bambou

der Bambus

oignon

die Zwiebel

champignon

der Pilz

noisettes

die Nüsse

pâtes

die Nudeln

spaghetti
....
die Spaghetti

riz
....
der Reis

salade
....
der Salat

pommes frites
....
die Pommes frites

pommes de terre rôties
....
die Bratkartoffeln

pizza
....
die Pizza

hamburger
....
der Hamburger

sandwich
....
das Sandwich

escalope
....
das Schnitzel

jambon
....
der Schinken

salami
....
die Salami

saucisse
....
die Wurst

poulet
....
das Huhn

rôti
....
der Braten

poisson
....
der Fisch

flocons d'avoine

die Haferflocken

muesli

das Müsli

cornflakes

die Cornflakes

farine

das Mehl

croissant

das Croissant

petits-pains

das Brötchen

pain

das Brot

pain grillé

der Toast

biscuits

die Kekse

beurre

die Butter

le fromage blanc

der Quark

gâteau

der Kuchen

œuf

das Ei

œuf au plat

das Spiegelei

fromage

der Käse

glace

die Eiscreme

sucre

der Zucker

miel

der Honig

confiture

die Marmelade

crème nougat

die Nougat-Creme

curry

das Curry

ferme
das Bauernhaus

botte de paille
der Strohballen

grange
die Scheune

champ
das Feld

cheval
das Pferd

remorque
der Anhänger

poulain
das Fohlen

tracteur
der Traktor

âne
der Esel

mouton
das Schaf

agneau
das Lamm

chèvre

die Ziege

vache

die Kuh

veau

das Kalb

porc

das Schwein

porcelet

das Ferkel

taureau

der Bulle

oie

die Gans

canard

die Ente

poussin

das Küken

poule

das Huhn

coq

der Hahn

rat

die Ratte

chat

die Katze

souris

die Maus

bœuf

der Ochse

chien

der Hund

chenil

die Hundehütte

tuyau de jardin

der Gartenschlauch

arrosoir

die Gießkanne

faucheuse

die Sense

charrue

der Pflug

ferme - der Bauernhof

faucille
die Sichel

pioche
die Hacke

fourche
die Mistgabel

hache
die Axt

brouette
die Schubkarre

cuve
der Trog

pot à lait
die Milchkanne

sac
der Sack

clôture
der Zaun

étable
der Stall

serre
das Treibhaus

sol
der Boden

semences
die Saat

engrais
der Dünger

moissonneuse-batteuse
der Mähdrescher

récolter

ernten

récolte

die Ernte

igname

die Yamswurzel

blé

der Weizen

soja

das Soja

pomme de terre

die Kartoffel

maïs

der Mais

colza

der Raps

arbre fruitier

der Obstbaum

manioc

der Maniok

céréales

das Getreide

cheminée
der Schornstein

toit
das Dach

gouttière
die Regenrinne

garage
die Garage

sonnette
die Klingel

fenêtre
das Fenster

porte
die Tür

poubelle
der Mülleimer

boîte aux lettres
der Briefkasten

jardin
der Garten

salon

das Wohnzimmer

salle de bain

das Badezimmer

cuisine

die Küche

chambre à coucher

das Schlafzimmer

chambre d'enfant

das Kinderzimmer

salle à manger

das Esszimmer

sol
der Boden

mur
die Wand

plafond
die Decke

cave
der Keller

sauna
die Sauna

balcon
der Balkon

terrasse
die Terrasse

piscine
das Schwimmbad

tondeuse à gazon
der Rasenmäher

housse
der Bettbezug

couette
die Bettdecke

lit
das Bett

balai
der Besen

sceau
der Eimer

interrupteur
der Schalter

papier peint
die Tapete

image
das Bild

lampe
die Lampe

étagère
das Regal

armoire
der Schrank

cheminée
der Kamin

télé
der Fernseher

fleur
die Blume

coussin
das Kissen

sofa
das Sofa

vase
die Vase

télécommande
die Fernbedienung

tapis
der Teppich

rideau
der Vorhang

table
der Tisch

chaise
der Stuhl

chaise à bascule
der Schaukelstuhl

fauteuil
der Sessel

livre

das Buch

couverture

die Decke

décoration

die Dekoration

bois de chauffage

das Feuerholz

film

der Film

chaîne hi-fi

die Stereoanlage

clé

der Schlüssel

journal

die Zeitung

peinture

das Gemälde

poster

das Poster

radio

das Radio

bloc-notes

der Notizblock

aspirateur

der Staubsauger

cactus

der Kaktus

bougie

die Kerze

réfrigérateur
der Kühlschrank

four à micro-ondes
die Mikrowelle

balance de cuisine
die Küchenwaage

grille-pain
der Toaster

détergent
das Reinigungsmittel

four
der Backofen

compartiment congélateur
das Gefrierfach

poubelle
der Mülleimer

lave-vaisselle
der Geschirrspüler

four
der Herd

casserole
der Topf

marmite
der Eisentopf

wok / kadai
der Wok / Kadai

poêle
die Pfanne

bouilloire electrique
der Wasserkocher

cuiseur vapeur

der Dampfgarer

plaque de cuisson

das Backblech

vaisselle

das Geschirr

gobelet

der Becher

coupe

die Schale

baguettes

die Essstäbchen

louche

die Suppenkelle

spatule

der Pfannenwender

fouet

der Schneebesen

passoire

das Kochsieb

tamis

das Sieb

râpe

die Reibe

mortier

der Mörser

barbecue

der Grill

cheminée

die Feuerstelle

planche à découper

das Schneidebrett

rouleau à pâtisserie

das Nudelholz

tire-bouchon

der Korkenzieher

boîte

die Dose

ouvre-boîte

der Dosenöffner

maniques

der Topflappen

lavabo

das Waschbecken

brosse

die Bürste

éponge

der Schwamm

mixeur

der Mixer

congélateur

die Gefriertruhe

biberon

die Babyflasche

robinet

der Wasserhahn

chauffage
die Heizung

douche
die Dusche

serviette
das Handtuch

rideau de douche
der Duschvorhang

bain moussant
das Schaumbad

baignoire
die Badewanne

verre
das Glas

machine à laver
die Waschmaschine

robinet
der Wasserhahn

carrelage
die Fliesen

pot
das Töpfchen

lavabo
das Waschbecken

toilettes	toilette à la turque	bidet
die Toilette	die Hocktoilette	das Bidet
urinoir	papier toilette	brosse à toilette
das Pissoir	das Toilettenpapier	die Toilettenbürste

brosse à dents

die Zahnbürste

dentifrice

die Zahnpasta

fil dentaire

die Zahnseide

laver

waschen

douche manuelle

die Handbrause

douche intime

die Intimdusche

vasque

die Waschschüssel

brosse dorsale

die Rückenbürste

savon

die Seife

gel douche

das Duschgel

shampooing

das Shampoo

gant de toilette

der Waschlappen

écoulement

der Abfluss

crème

die Creme

déodorant

das Deodorant

miroir

der Spiegel

miroir cosmétique

der Kosmetikspiegel

rasoir

der Rasierer

mousse à raser

der Rasierschaum

après-rasage

das Rasierwasser

peigne

der Kamm

brosse

die Bürste

sèche-cheveux

der Föhn

laque pour cheveux

das Haarspray

fond de teint

das Makeup

rouge à lèvres

der Lippenstift

vernis à ongles

der Nagellack

ouate

die Watte

coupe-ongles

die Nagelschere

parfum

das Parfum

trousse de toilette
....
der Kulturbeutel

tabouret
....
der Hocker

pèse-personne
....
die Waage

peignoir
....
der Bademantel

gants de nettoyage
....
die Gummihandschuhe

tampon
....
das Tampon

serviettes hygiéniques
....
die Damenbinde

toilette chimique
....
die Chemietoilette

réveil
der Wecker

doudou
das Kuscheltier

voiture jouet
das Spielzeugauto

hochet
die Rassel

maison de poupée
das Puppenhaus

cadeau
das Geschenk

ballon
der Ballon

lit
das Bett

poussette
der Kinderwagen

jeu de cartes
das Kartenspiel

puzzle
das Puzzle

bande dessinée
der Comic

pièces lego
die Legosteine

blocs de construction
die Bausteine

figurine
die Action Figur

grenouillère
der Strampelanzug

frisbee
das Frisbee

mobile
das Mobile

jeu de société
das Brettspiel

dé
der Würfel

train miniature
die Modelleisenbahn

sucette
der Schnuller

fête
die Party

livre d'images
das Bilderbuch

balle
der Ball

poupée
die Puppe

jouer
spielen

bac à sable

der Sandkasten

balançoire

die Schaukel

jouets

das Spielzeug

console de jeu

die Spielkonsole

tricycle

das Dreirad

ours en peluche

der Teddy

armoire

der Kleiderschrank

vêtements

die Kleidung

chaussettes

die Socken

bas

die Strümpfe

collant

die Strumpfhose

écharpe
der Schal

ceinture
der Gürtel

parapluie
der Regenschirm

t-shirt
das T-Shirt

baskets
die Turnschuhe

bottes
der Stiefel

pantoufles
die Hausschuhe

sandales
die Sandalen

chaussures
die Schuhe

bottes de caoutchouc
die Gummistiefel

sous-vêtements
die Unterhose

soutien-gorge
der Büstenhalter

maillot de corps
das Unterhemd

body
der Body

pantalon
die Hose

jean
die Jeans

jupe
der Rock

chemisier
die Bluse

chemise
das Hemd

pull
der Pullover

sweat à capuche
der Kapuzenpullover

veste
der Blazer

veste
die Jacke

manteau
der Mantel

imperméable
der Regenmantel

costume
das Kostüm

robe
das Kleid

robe de mariée
das Hochzeitskleid

vêtements - die Kleidung

costume

der Anzug

chemise de nuit

das Nachthemd

pyjama

der Schlafanzug

sari

der Sari

foulard

das Kopftuch

turban

der Turban

burqa

die Burka

caftan

der Kaftan

abaya

die Abaya

maillot de bain

der Badeanzug

maillot de bain

die Badehose

short

die kurze Hose

tenue d'entraînement

der Trainingsanzug

tablier

die Schürze

gants

die Handschuhe

bouton

der Knopf

lunettes

die Brille

bracelet

das Armband

collier

die Halskette

bague

der Ring

boucle d'oreille

der Ohrring

bonnet

die Mütze

cintre

der Kleiderbügel

chapeau

der Hut

cravate

die Krawatte

fermeture éclair

der Reißverschluss

casque

der Helm

bretelles

der Hosenträger

uniforme scolaire

die Schuluniform

uniforme

die Uniform

bavoir

das Lätzchen

sucette

der Schnuller

lange

die Windel

bureau
das Büro

serveur
der Server

armoire d'archivage
der Aktenschrank

imprimante
der Drucker

écran
der Monitor

papier
das Papier

souris
die Maus

bureau
der Schreibtisch

classeur
der Ordner

clavier
die Tastatur

corbeille à papier
der Papierkorb

chaise
der Stuhl

ordinateur
der Computer

tasse de café

der Kaffeebecher

calculatrice

der Taschenrechner

internet

das Internet

ordinateur portable

der Laptop

lettre

der Brief

message

die Nachricht

portable

das Handy

réseau

das Netzwerk

photocopieuse

der Kopierer

logiciel

die Software

téléphone

das Telefon

prise

die Steckdose

fax

das Fax

formulaire

das Formular

document

das Dokument

acheter
kaufen

payer
bezahlen

faire du commerce
handeln

monnaie
das Geld

dollar
der Dollar

euro
der Euro

yen
der Yen

rouble
der Rubel

franc suisse
der Franken

renminbi yuan
der Renminbi Yuan

roupie
die Rupie

distributeur automatique
der Geldautomat

bureau de change

die Wechselstube

or

das Gold

argent

das Silber

pétrole

das Öl

énergie

die Energie

prix

der Preis

contrat

der Vertrag

taxe

die Steuer

action

die Aktie

travailler

arbeiten

employé

der Angestellte

employeur

der Arbeitgeber

usine

die Fabrik

magasin

das Geschäft

économie - die Wirtschaft

agent de police
der Polizist

pompier
der Feuerwehrmann

cuisinier
der Koch

médecin
der Arzt

pilote
der Pilot

jardinier

der Gärtner

menuisier

der Tischler

couturière

die Näherin

juge

der Richter

chimiste

der Chemiker

acteur

der Schauspieler

conducteur de bus

der Busfahrer

chauffeur de taxi

der Taxifahrer

pêcheur

der Fischer

femme de ménage

die Putzfrau

couvreur

der Dachdecker

serveur

der Kellner

chasseur

der Jäger

peintre

der Maler

boulanger

der Bäcker

électricien

der Elektriker

ouvrier

der Bauarbeiter

ingénieur

der Ingenieur

boucher

der Schlachter

plombier

der Klempner

facteur

der Postbote

soldat

der Soldat

architecte

der Architekt

caissier

der Kassierer

fleuriste

der Florist

coiffeur

der Friseur

contrôleur

der Schaffner

mécanicien

der Mechaniker

capitaine

der Kapitän

dentiste

der Zahnarzt

scientifique

der Wissenschaftler

rabbin

der Rabbi

imam

der Imam

moine

der Mönch

prêtre

der Geistliche

marteau
der Hammer

pinces
die Zange

tournevis
der Schraubendreher

clé
der Schraubenschlüssel

torche
die Taschenlam

pelleteuse

der Bagger

boîte à outils

der Werkzeugkasten

échelle

die Leiter

scie

die Säge

clous

die Nägel

perceuse

der Bohrer

réparer
reparieren

pelle
die Schaufel

Mince !
Mist!

pelle
das Kehrblech

pot de peinture
der Farbtopf

vis
die Schrauben

instruments de musique
die Musikinstrumente

haut-parleurs
der Lautsprecher

batterie
das Schlagzeug

guitare
die Gitarre

contrebasse
der Kontrabass

trompette
die Trompete

piano

das Klavier

violon

die Violine

basse

der Bass

timbales

die Pauke

tambour

die Trommeln

piano électrique

das Keyboard

saxophone

das Saxophon

flûte

die Flöte

microphone

das Mikrofon

tigre
der Tiger

entrée
der Eingang

cage
der Käfig

zèbre
das Zebra

alimentation animale
das Tierfutter

panda
der Panda

animaux

die Tiere

éléphant

der Elefant

kangourou

das Känguruh

rhinocéros

das Nashorn

gorille

der Gorilla

ours

der Bär

chameau

das Kamel

autruche

der Strauß

lion

der Löwe

singe

der Affe

flamand rose

der Flamingo

perroquet

der Papagei

ours polaire

der Eisbär

pingouin

der Pinguin

requin

der Hai

paon

der Pfau

serpent

die Schlange

crocodile

das Krokodil

gardien de zoo

der Zoowärter

phoque

die Robbe

jaguar

der Jaguar

zoo - der Zoo

poney

das Pony

léopard

der Leopard

hippopotame

das Nilpferd

girafe

die Giraffe

aigle

der Adler

sanglier

das Wildschwein

poisson

der Fisch

tortue

die Schildkröte

morse

das Walross

renard

der Fuchs

gazelle

die Gazelle

american Football
das American Football

cyclisme
das Radfahren

tennis
das Tennis

basket-ball
der Basketball

natation
das Schwimmen

boxe
das Boxen

hockey sur glace
das Eishockey

football

der Fußball

badminton

das Badminton

athlétisme

die Leichtathletik

handball

der Handball

ski

das Skilaufen

polo

das Polo

sauter
springen

rire
lachen

embrasser
umarmen

marcher
gehen

chanter
singen

prier
beten

rêver
träumen

faire la bise
küssen

écrire
schreiben

dessiner
zeichnen

montrer
zeigen

pousser
drücken

donner
geben

prendre
nehmen

avoir

haben

faire

tun

être

sein

être debout

stehen

courir

laufen

trier

ziehen

jeter

werfen

tomber

fallen

être couché

liegen

attendre

warten

porter

tragen

être assis

sitzen

s'habiller

anziehen

dormir

schlafen

se réveiller

aufwachen

regarder
ansehen

pleurer
weinen

caresser
streicheln

peigner
kämmen

parler
reden

comprendre
verstehen

demander
fragen

écouter
hören

boire
trinken

manger
essen

ranger
aufräumen

aimer
lieben

cuire
kochen

conduire
fahren

voler
fliegen

faire de la voile
....
segeln

calculer
....
rechnen

lire
....
lesen

apprendre
....
lernen

travailler
....
arbeiten

se marier
....
heiraten

coudre
....
nähen

brosser les dents
....
Zähne putzen

tuer
....
töten

fumer
....
rauchen

envoyer
....
senden

grand-mère
die Großmutter

grand-père
der Großvater

père
der Vater

mère
die Mutter

bébé
das Baby

fille
die Tochter

fils
der Sohn

hôte
der Gast

tante
die Tante

oncle
der Onkel

frère
der Bruder

sœur
die Schwester

front
die Stirn

œil
das Auge

épaule
die Schulter

doigt
der Finger

visage
das Gesicht

menton
das Kinn

main
die Hand

poitrine
die Brust

jambe
das Bein

bras
der Arm

bébé

das Baby

homme

der Mann

femme

die Frau

fille

das Mädchen

garçon

der Junge

tête

der Kopf

dos
....
der Rücken

ventre
....
der Bauch

nombril
....
der Nabel

orteil
....
der Zeh

talon
....
die Ferse

os
....
der Knochen

hanche
....
die Hüfte

genou
....
das Knie

coude
....
der Ellenbogen

nez
....
die Nase

fesses
....
das Gesäß

peau
....
die Haut

joue
....
die Wange

oreille
....
das Ohr

lèvre
....
die Lippe

bouche

der Mund

dent

der Zahn

langue

die Zunge

cerveau

das Gehirn

cœur

das Herz

muscle

der Muskel

poumons

die Lunge

foie

die Leber

estomac

der Magen

reins

die Nieren

rapport sexuel

der Geschlechtsverkehr

préservatif

das Kondom

ovule

die Eizelle

sperme

das Sperma

grossesse

die Schwangerschaft

corps - der Körper

menstruation

die Menstruation

vagin

die Vagina

pénis

der Penis

sourcil

die Augenbraue

cheveux

das Haar

cou

der Hals

hôpital
das Krankenhaus

ambulance
der Krankenwagen

fauteuil roulant
der Rollstuhl

fracture
der Bruch

médecin
....
der Arzt

service des urgences
....
die Notaufnahme

infirmière
....
die Krankenschwester

urgence
....
der Notfall

inconscient
....
ohnmächtig

douleur
....
der Schmerz

blessure

die Verletzung

hémorragie

die Blutung

crise cardiaque

der Herzinfarkt

attaque cérébrale

der Schlaganfall

allergie

die Allergie

toux

der Husten

fièvre

das Fieber

grippe

die Grippe

diarrhée

der Durchfall

mal de tête

die Kopfschmerzen

cancer

der Krebs

diabète

die Diabetis

chirurgien

der Chirurg

scalpel

das Skalpell

opération

die Operation

CT

das CT

radiographie

das Röntgen

échographie

das Ultraschall

masque

die Maske

maladie

die Krankheit

salle d'attente

das Wartezimmer

béquille

die Krücke

pansement

das Pflaster

pansement

der Verband

injection

die Injektion

stéthoscope

das Stethoskop

brancard

die Trage

thermomètre

das Thermometer

accouchement

die Geburt

surcharge pondérale

das Übergewicht

appareil auditif

das Hörgerät

désinfectant

das Desinfektionsmittel

infection

die Infektion

virus

das Virus

VIH / sida

das HIV / AIDS

médicament

die Medizin

vaccination

die Impfung

comprimés

die Tabletten

pilule

die Pille

appel d'urgence

der Notruf

tensiomètre

das Blutdruck-Messgerät

malade / sain

krank / gesund

Au secours !

Hilfe!

alarme

der Alarm

assaut

der Überfall

attaque

der Angriff

danger

die Gefahr

sortie de secours

der Notausgang

Au feu!

Feuer!

extincteur

der Feuerlöscher

accident

der Unfall

trousse de premier secours

der Erste-Hilfe-Koffer

SOS

SOS

police

die Polizei

Europe

das Europa

Amérique du Nord

das Nordamerika

Amérique du Sud

das Südamerika

Afrique

das Afrika

Asie

das Asien

Australie

das Australien

Océan atlantique

der Atlantik

Océan pacifique

der Pazifik

Océan indien

der Indische Ozean

Océan antarctique

der Antarktische Ozean

Océan arctique

der Arktische Ozean

pôle nord

der Nordpol

pôle sud

der Südpol

Antarctique

die Antarktis

terre

die Erde

pays

das Land

mer

das Meer

île

die Insel

nation

die Nation

état

der Staat

cadran

das Zifferblatt

aiguille des heures

der Stundenzeiger

aiguille des minutes

der Minutenzeiger

aiguille des secondes

der Sekundenzeiger

Quelle heure est-il ?

Wie spät ist es?

jour

der Tag

temps

die Zeit

maintenant

jetzt

montre digitale

die Digitaluhr

minute

die Minute

heure

die Stunde

lundi
der Montag

mercredi
der Mittwoch

vendredi
der Freitag

mardi
der Dienstag

samedi
der Samstag

jeudi
der Donnerstag

dimanche
der Sonntag

hier

gestern

aujourd'hui

heute

demain

morgen

matin

der Morgen

midi

der Mittag

soir

der Abend

MO	TU	WE	TH	FR	SA	SU
1	2	3	4	5	6	7
8	9	10	11	12	13	14
15	16	17	18	19	20	21
22	23	24	25	26	27	28
29	30	31	1	2	3	4

jours ouvrables

die Arbeitstage

MO	TU	WE	TH	FR	SA	SU
1	2	3	4	5	6	7
8	9	10	11	12	13	14
15	16	17	18	19	20	21
22	23	24	25	26	27	28
29	30	31	1	2	3	4

week-end

das Wochenende

pluie
der Regen

arc-en-ciel
der Regenbogen

neige
der Schnee

vent
der Wind

printemps
der Frühling

automne
der Herbst

été
der Sommer

hiver
der Winter

météo
die Wettervorhersage

thermomètre
das Thermometer

lumière du soleil
der Sonnenschein

nuage
die Wolke

brouillard
der Nebel

humidité
die Luftfeuchtigkeit

foudre

der Blitz

tonnerre

der Donner

tempête

der Sturm

grêle

der Hagel

mousson

der Monsun

inondation

die Flut

glace

das Eis

janvier

der Januar

février

der Februar

mars

der März

avril

der April

mai

der Mai

juin

der Juni

juillet

der Juli

août

der August

septembre

der September

octobre

der Oktober

novembre

der November

décembre

der Dezember

formes
die Formen

cercle

der Kreis

carré

das Quadrat

rectangle

das Rechteck

triangle

das Dreieck

sphère

die Kugel

cube

der Würfel

blanc
weiß

jaune
gelb

orange
orange

rose
pink

rouge
rot

violet
lila

bleu
blau

vert
grün

marron
braun

gris
grau

noir
schwarz

beaucoup / peu

viel / wenig

fâché / calme

wütend / friedlich

joli / laid

hübsch / hässlich

début / fin

der Anfang / das Ende

grand / petit

groß / klein

clair / obscure

hell / dunkel

frère / soeur

er Bruder / die Schwester

propre / sale

sauber / schmutzig

complet / incomplet

vollständig / unvollständig

jour / nuit

der Tag / die Nacht

mort / vivant

tot / lebendig

large / étroit

breit / schmal

comestible / incomestible

genießbar / ungenießbar

méchant / gentil

böse / freundlich

excité / ennuyé

aufgeregt / gelangweilt

gros / mince

dick / dünn

premier / dernier

zuerst / zuletzt

ami / ennemi

der Freund / der Feind

plein / vide

voll / leer

dur / souple

hart / weich

lourd / léger

schwer / leicht

faim / soif

der Hunger / der Durst

malade / sain

krank / gesund

illégal / légal

illegal / legal

intelligent / stupide

intelligent / dumm

gauche / droite

links / rechts

proche / loin

nah / fern

nouveau / usé

neu / gebraucht

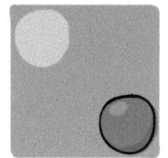

rien / quelque chose

nichts / etwas

vieux / jeune

alt / jung

marche / arrêt

an / aus

ouvert / fermé

offen / geschlossen

faible / fort

leise / laut

riche / pauvre

reich / arm

correct / incorrect

richtig / falsch

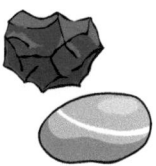

rugueux / lisse

rau / glatt

triste / heureux

traurig / glücklich

court / long

kurz / lang

lent / rapide

langsam / schnell

mouillé / sec

nass / trocken

chaud / froid

warm / kühl

guerre / paix

der Krieg / der Frieden

nombres
die Zahlen

0

zéro

null

1

un / une

eins

2

deux

zwei

3

trois

drei

4

quatre

vier

5

cinq

fünf

6

six

sechs

7

sept

sieben

8

huit

acht

9

neuf

neun

10

dix

zehn

11

onze

elf

12

douze
zwölf

13

treize
dreizehn

14

quatorze
vierzehn

15

quinze
fünfzehn

16

seize
sechzehn

17

dix-sept
siebzehn

18

dix-huit
achtzehn

19

dix-neuf
neunzehn

20

vingt
zwanzig

100

cent
hundert

1.000

mille
tausend

1.000.000

million
million

langues
die Sprachen

anglais

Englisch

anglais américain

Amerikanisches Englisch

chinois mandarin

Chinesisch Mandarin

hindi

Hindi

espagnol

Spanisch

français

Französisch

arabe

Arabisch

russe

Russisch

portugais

Portugiesisch

bengali

Bengalisch

allemand

Deutsch

japonais

Japanisch

je
ich

tu
du

il / elle / ce, c', cela
er / sie / es

nous
wir

vous
ihr

ils / elles
sie

Qui ?
wer?

Quoi ?
was?

Comment ?
wie?

Où ?
wo?

Quand ?
wann?

HELLO, I AM

nom
Name

derrière

hinter

dans

in

devant

vor

au-dessus

über

sur

auf

en-dessous

unter

à côté de

neben

entre

zwischen

lieu

der Ort